ANALISI DEL LIBRO

AF142067

Le confessioni (libri I-IV)

· · · · · · · · · · · · · ·

JEAN-JACQUES ROUSSEAU

ANALISI DEL LIBRO

Scritto da Sabrina Zoubir
Tradotto da Sara Rossi

Le confessioni (libri I-IV)

JEAN-JACQUES ROUSSEAU

JEAN-JACQUES ROUSSEAU

SCRITTORE, FILOSOFO E MUSICISTA GINEVRINO

- **Nato nel 1712 a Ginevra**
- **Morto nel 1778 a Ermenonville**
- **Alcune delle sue opere:**
  - *Julie o la nuova Heloise* (1761), romanzo epistolare
  - *Émile ou De l'éducation* (1762), trattato sull'educazione
  - *Les Rêveries du promeneur solitaire* (tra il 1776 e il 1778), una riflessione filosofica

Jean-Jacques Rousseau è uno dei più famosi pensatori dell'Illuminismo e uno dei padri spirituali della Rivoluzione Francese. Nato a Ginevra nel 1712, ebbe una giovinezza movimentata durante la quale svolse diverse professioni, come precettore e copista. A Parigi, Rousseau si avvicinò ai filosofi dell'Illuminismo e divenne famoso nel 1750 con il *Discours sur les sciences et les arts*, in cui sviluppò quello che sarebbe diventato il tema centrale del suo pensiero: l'uomo nasce naturalmente buono e felice, è la società che lo corrompe e lo rende infelice. Seguono opere importanti come *Du contrat social* (1762) e *Émile ou De l'éducation* (1762). Considerati sovversivi, furono rapidamente condannati e messi al bando. Rousseau fu quindi costretto a una serie di esili che lo tennero lontano dalla Francia fino al 1769. Soffrendo di un senso di persecuzione, dedicò l'ultima parte della sua vita a opere autobiografiche: *Les Confessions* (scritte nel 1765-1767) e *Les Rêveries du promeneur solitaire* (scritte tra il 1776 e il 1778). Morì in isolamento nel 1778.

LE CONFESSIONI (LIBRI I-IV)

AUTOBIOGRAFIA DI UN FILOSOFO ILLUMINISTA

- **Genere:** autobiografia
- **Edizione di riferimento:** *Les Confessions* (Livres I-IV), Paris, Gallimard, coll. "Folio classique", 1997, 272 p.
- **1ª edizione:** 1782
- **Temi :** solitudine, tristezza, emozioni, vita, memoria, natura, psicologia

Le Confessioni di Rousseau sono un'opera autobiografica pubblicata postuma, i cui primi sei libri furono scritti tra il 1765 e il 1767 e gli ultimi sei nel 1769 e 1770. Copre i primi 53 anni della sua vita. L'idea di scrivere le sue confessioni affonda le sue radici in un contesto particolare. Infatti, denunciando nell'*Emile* la cattiva influenza del potere politico e religioso sull'educazione, si attirò le ire delle autorità francesi, svizzere ed olandesi. Ritenendo le sue teorie indecenti, nel 1762 ordinarono di bruciare pubblicamente il libro e di condannare l'autore. Rousseau fu bandito da questi Paesi e andò in esilio a Neuchâtel. Appena due anni dopo, Voltaire lo accusò di aver scritto un trattato moralistico sull'educazione mentre aveva abbandonato i suoi quattro figli all'assistenza pubblica. Tradito dall'accusa dell'ex amico, Rousseau si sentì infangato e decise, in un desiderio quasi compulsivo di giustificarsi, di scrivere le *Confessioni*.

SINTESI

LIBRO I – 0-16 ANNI (1712 – MARZO 1728)

Rousseau inizia raccontando la sua nascita a Ginevra nel 1712 e la morte della madre dopo il parto. Il giovane Jean-Jacques rimase solo con il padre, con il quale passava lunghe notti a leggere. Queste letture plasmano la mente del ragazzo, che scopre i grandi autori e una sorprendente gamma di sentimenti ("non avevo idea delle cose, che tutti i sentimenti mi erano già noti", p. 37). Tuttavia, il padre di Rousseau andò all'estero e affidò il figlio al pastore Lambercier. A Bossey, Jean-Jacques sperimenta le prime sensazioni sessuali grazie alle sculacciate di Mlle Lambercier, ma scopre anche il sentimento dell'ingiustizia con l'episodio del pettine rotto (all'origine della sua profonda repulsione contro l'ingiustizia). Nel 1724 tornò per qualche mese nella casa dello zio a Ginevra, prima di iniziare l'apprendistato: prima con il signor Masseron (impiegato), poi con il signor Ducommun (incisore), entrambi sprezzanti e tirannici nei suoi confronti. Queste esperienze sfortunate sviluppano in lui alcuni vizi che portano il giovane apprendista a mentire e a rubare.

Qualche anno dopo, al ritorno da una passeggiata in campagna, Rousseau trovò le porte della città chiuse. Lo considerò un segno del destino e sceglie di lasciare Ginevra per sempre.

LIBRO II – L'ANNO DEL SUO SEDICESIMO COMPLEANNO (MARZO-DICEMBRE 1728)

Jean-Jacques inizia una vita itinerante: vaga per Ginevra e non smette mai di stupirsi di una natura così bella. Incontra M. de Pontverre, un sacerdote benevolo che gli consiglia di andare ad Annecy per soggiornare presso un certo M. de Warens (1700-1762). Il giovane sedicenne si adegua, ben lontano dal sospettare quanto questo incontro sarà decisivo per lui. Questa donna, per la quale confessò di provare un amore immediato, lo mandò all'ospizio per catecumeni di Torino, dove fu abusato sessualmente da un moro. Una volta convertito al cattolicesimo, ha lasciato l'ospizio senza rimpianti.

Questa volta, vagando per le strade di Torino, incontra Mlle de Basile, con cui ha una breve e platonica storia d'amore, e poi lei gli trova un posto di lacchè presso la contessa di Vercellis. Tuttavia, da vero mascalzone, Jean-Jacques ruba un nastro e accusa sfacciatamente Marion, la cameriera, di aver commesso il furto. Costernata, la povera ragazza scoppia in lacrime e la sua apparente debolezza non le fa onore di fronte a "un'audacia così diabolica" di Rousseau. Alla fine, entrambi vengono mandati via e Jean-Jacques si avvia verso il suo destino.

LIBRO III – DAI 16 AI 18 ANNI (MARZO 1728 – APRILE 1730)

Il vigore della sua giovinezza, unito all'ozio che sperimenta tornando dalla sua ex padrona di casa, porta Jean-Jacques a praticare l'esibizionismo. In cerca di una nuova casa, si reca occasionalmente da M. Gaime, un abate della Savoia. Nel corso dei loro scambi, Rousseau scopre e riflette su tutta una serie di nozioni filosofiche. Poi, grazie al conte de la Roque, divenne lacchè in una casa di grande fama, la casa del conte di Gouvon. Inizialmente deluso di essere di nuovo un servo, Jean-Jacques viene comunque notato per la sua intelligenza e diventa il segretario di quest'ultimo. Ma nonostante la nuova posizione e la buona intesa con il conte, ha in mente una sola idea: trovare Annecy e Mme de Warens. Viene congedato e si reca a casa di lei senza preavviso.

Nonostante i timori del giovane, Mme de Warens lo invita a rimanere con lei. Fu l'inizio di una lunga e tenera complicità. Durante un seminario sulla musica, incontra M. Le Maitre, un musicista con cui in seguito si recherà a Lione. Quest'ultimo era epilettico e ha avuto una terribile crisi per strada. Cedendo al panico, Rousseau lo abbandona e fugge vigliaccamente.

LIBRO IV – DAI 18 AI 19 ANNI (APRILE 1730 – OTTOBRE 1731)

Ad Annecy, Rousseau vive con il signor Venture. Pensa molto a Mme de Warens, soprattutto perché non sa dove sia. Poi decide di partire per insegnare musica a Losanna, anche se non ne sa nulla. Trovò rifugio nella locanda del signor Perrotet, al quale finse di essere un compositore e insegnante di musica in cerca di un pubblico. L'oste promette di trovargli degli studenti. Jean-Jacques diventa presto un "maestro di canto, senza saper decifrare una melodia" (p. 98). Tuttavia, dopo un concerto disastroso in cui le risate beffarde del pubblico si mescolano all'indignazione, crolla e confessa l'impostura a uno dei suoi sinfonisti. Quella sera, tutta

Losanna si accorge del suo inganno e, non molto orgoglioso, lascia la città.

Durante una sosta a Soletta, incontra il marchese de Bonac che lo accoglie e lo assume, prima di aiutarlo a partire per Parigi. Infine, deluso dall'idea che si era fatto della capitale, Jean-Jacques non può fare a meno di tornare ad Annecy quando viene a sapere del ritorno di Mme de Warens. Benevolo come sempre verso il suo protetto, quest'ultimo gli trovò un posto di segretario del re di Piemonte-Sardegna. Per Rousseau inizia una nuova vita.

STUDIO DEL CARATTERE

LA FAMIGLIA DI ROUSSEEAU

I suoi genitori

La madre di Rousseau, Suzanne Bernard, figlia del ministro Bernard, era una cittadina di condizioni sociali piuttosto agiate. Isaac Rousseau, suo padre, era un orologiaio di professione e proveniva da una famiglia molto più modesta. Per questo motivo, impiega un po' di tempo prima di riuscire a sposare Suzanne, di cui è follemente innamorato e che conosce dall'età di otto anni. Dal loro amore reciproco nascono due figli: un primo figlio, François, e sette anni dopo un secondo, Jean-Jacques. Ma Suzanne subisce un tragico destino e muore sette giorni dopo la nascita del suo ultimo figlio. Devastato dal dolore, il padre di Jean-Jacques non si riprenderà mai, gravando involontariamente il figlio di una doppia colpa. Per sfuggire alla triste realtà, Isaac sceglie di fuggire attraverso i libri lasciati da Suzanne. Accompagna Jean-Jacques nei suoi viaggi letterari e nasce una tenera complicità tra padre e figlio. Tuttavia, questa complicità finisce piuttosto presto, poiché in seguito a una disputa con M. Gautier nel 1722, Isaac va in esilio a Ginevra, lasciando Jean-Jacques sotto le cure dello zio, Gabriel Bernard.

Les Bernard

Rousseau era molto legato agli zii, ma fu con il cugino che condivise i momenti più felici della sua infanzia. Fu una delle prime persone per le quali confessò di provare sentimenti reali: "Fino ad allora avevo conosciuto solo sentimenti elevati, ma immaginari. L'abitudine di vivere insieme in uno stato di pace mi unisce teneramente a mio cugino Bernard" (p. 42). Insieme trascorrono quasi cinque anni indimenticabili a pensione presso la famiglia Lambercier. Jean-Jacques descrive così il loro rapporto: "Il nostro lavoro, i nostri divertimenti, i nostri gusti erano gli stessi: eravamo soli, avevamo la stessa età, ognuno di noi aveva bisogno di un compagno; separarci era, in un certo senso, annientarci" (p. 42)

Jean-Jacques

Egli è allo stesso tempo il protagonista de *Le confessioni*, il narratore della storia e l'autore del testo; una peculiarità che può rendere il personaggio difficile da cogliere. Fin dall'inizio, Rousseau dichiara chiaramente la sua intenzione di "dipingere un uomo in tutta la verità della sua natura", e in effetti le descrizioni fornite non sono sempre a suo vantaggio. Nel tentativo di essere assolutamente trasparente, Rousseau rivela al lettore le sue debolezze, parla dei suoi fallimenti senza mezzi termini e confessa le sue colpe morali. All'inizio de *Le confessioni*, egli attira la pietà del lettore presentandosi come un bambino malaticcio, quasi handicappato:

"Sono nato quasi morente; c'erano poche speranze di preservarmi. Ho portato con me il seme di un disagio che gli anni hanno rafforzato, e che ora a volte mi dà tregua solo per farmi soffrire più crudelmente in un altro modo" (p. 36).

Questa fragilità sembra andare di pari passo con l'ipersensibilità che esprime, sia a contatto con la natura, sia con le donne o con la letteratura. Le sue relazioni amorose, ad esempio, sono tutte intense e platoniche. Presumibilmente, ciò che descrive come una mancanza di successo con le donne è in realtà un problema legato a una confusione tra la sua immaginazione e il mondo reale. Il motivo è l'impressionante quantità di materiale di lettura che assorbe fin da giovane. Questo ha forgiato il suo amore per i viaggi, il suo carattere sognatore e ha portato al suo disadattamento sociale. Immerso in tutte queste storie romantiche, la realtà non è più all'altezza delle sue aspettative ed egli si ritira istintivamente in se stesso e diventa solitario.

Eppure tutti questi aspetti fragili e sensibili del suo essere formano uno strano contrasto con alcuni elementi raccontati nelle sue storie. Infatti, nonostante la sua apparente timidezza con le donne, attraversa un periodo di esibizionismo. Eppure è difficile immaginare che una persona che si finge riservata sia capace di mentire così sfacciatamente (quando accusa una serva di furto davanti a un'intera assemblea o quando si finge un famoso compositore quando non sa nulla di musica). È follia o ambizione? Una cosa è certa: attraverso le sue scelte, la sua propensione al rischio e la sua faccia tosta, il complesso personaggio di Jean-Jacques suscita ammirazione nonostante i suoi difetti.

Il Lambercier

Rousseau ha solo buoni ricordi degli anni di apprendistato presso il pastore Lambercier, un "uomo molto ragionevole" (p. 42), che ha contribuito alla sua educazione gentile.

La sorella del pastore, Mlle Lambercier, insegna catechismo. È la garante dell'autorità della madre, ma la sua severità non le impedisce di essere equa o di mostrare ai bambini tutto l'affetto che meritano. È anche la fonte dei primi sentimenti sessuali del giovane Jean-Jacques. Il passo che descrive il piacere che prova quando viene sculacciato da lei è uno degli estratti più noti de *Le confessioni*:

"Per molto tempo continuò a minacciare, e questa minaccia di una punizione per me nuova mi sembrò molto spaventosa; ma dopo l'esecuzione, la trovai meno terribile alla prova di quanto non fosse stata l'aspettativa, e la cosa più strana è che questa punizione mi rese ancora più affezionato a colui che me l'aveva inflitta [...]" (p. 44).

Mme de Warens

Mme de Warens è una nobildonna con una vita sentimentale insoddisfatta. Sposata in giovane età con M. de Warens, da cui non ebbe figli, lasciò per capriccio il marito, la famiglia e la città per un principe che alla fine la mandò in convento. A questo proposito, Rousseau dice che lei ha fatto la scelta di scappare con un errore simile al suo, "e che ha avuto tutto il tempo di piangere" (p. 84). Questa giovane donna ha molte somiglianze con Jean-Jacques: come lui, è impulsiva e appassionata, come lui, perde la madre alla nascita, e come lui, forgia la sua educazione sul lavoro, così come la vive. Quando si incontrarono tramite M. de Pontverre, Rousseau aveva solo 16 anni e Mme de Warens 28. Fu senza dubbio l'incontro più decisivo nella vita dello scrittore ("Questo periodo della mia vita ha deciso il mio carattere", p. 84). Il legame che li unisce gli ispira "pace nel cuore, calma, serenità, sicurezza, certezza" (p. 87).

Inoltre, non mancano le descrizioni fisiche elogiative di questa donna: "Vedo un viso pieno di grazia, bellissimi occhi azzurri pieni di dolcezza, una carnagione abbagliante, il contorno di una gola incantevole" (pp. 83-84). La sua voce fa "tremare" Rousseau (p. 84). Sebbene i suoi sentimenti per lei possano apparire ambigui in alcune frasi, ciò che emerge soprattutto dalle sue descrizioni è una profonda ammirazione e rispetto. Inoltre, lui la chiama "mamma" mentre lei lo chiama "piccolo".

L'Abbè Gaime

L'Abbé Gaime è un altro personaggio importante del *Le confessioni*, per la forte influenza che esercita sul giovane Jean-Jacques, ma anche perché ha ispirato l'autore a creare il personaggio del vicario savoiardo. Jean-Jacques era desideroso di imparare da lui e gli faceva visita volentieri, perché ciò che imparava da questi colloqui era per lui inestimabile:

"Con lui ho trovato vantaggi che mi hanno giovato per tutta la vita, le lezioni della sana morale e le massime della retta ragione […]. Il signor Gaime si preoccupò di mettermi al mio posto e di mostrarmi a me stesso, senza risparmiarmi o scoraggiarmi […]. Mi ha dato un quadro veritiero della vita umana, di cui avevo solo false idee" (p. 133).

CHIAVI DI LETTURA

EMOZIONI AL CENTRO DI UN'IMPRESA SENZA PRECEDENTI

Convinto che la verità vada cercata nel cuore degli uomini, Rousseau si propone come oggetto di studio. Fin dalle prime righe, annuncia il carattere unico del suo progetto: "Sto formando un'impresa che non ha mai avuto un esempio e la cui esecuzione non avrà imitatori". Tuttavia, se fu lui a rendere popolare il genere autobiografico, *Le confessioni si* ispirarono a un'opera di Sant'Agostino (uno dei Padri della Chiesa latina, 354-430), dallo stesso titolo. Rousseau, tuttavia, racconta in modo toccante la storia della sua personalità. Rivela tutto con una notevole attenzione ai dettagli, mettendo l'emozione al centro dei suoi racconti. La sua ampia lettura è all'origine di questo approccio, che ha portato all'osservazione che "non avevo idea delle cose, che tutti i sentimenti mi erano già noti" (p. 37).

Lungi dall'essere peggiorativa, questa predominanza del sensorio è rivendicata da Rousseau ed è alla base della sua filosofia: secondo lui, è attraverso la sensazione che abbiamo accesso alla verità, cioè alla comprensione del mondo e del nostro io più profondo. In questo senso, *Le confessioni* possono essere considerate un precursore della psicologia moderna: l'analisi di se stessi, di ciò che si prova, ci permette di conoscerci meglio e quindi di superare lo stadio della sofferenza. Tuttavia, va sottolineato che l'obiettivo principale di

Rousseau è quello di aiutarci a progredire nella storia dell'umanità: "Vi prego [...] di non distruggere un'opera unica e utile, che può servire come primo confronto per lo studio degli uomini" (p. 31).

SCRITTURA STRATEGICA

Partendo dal presupposto che Rousseau sta cercando di giustificarsi con i suoi lettori in relazione alle accuse mosse contro di lui, egli mette in atto tutta una strategia per ottenere la comprensione, la compassione e l'indulgenza del lettore. Questa strategia interviene non solo nella scelta degli eventi che racconta, ma anche nello stile intimo che adotta. Come abbiamo già sottolineato, una delle tattiche di Rousseau per conquistare il suo lettore è quella di suscitare la sua pietà, per meglio trovare il suo perdono. A tal fine, egli si pone fin dall'inizio nella posizione di vittima: "Sono stato il triste frutto di questo ritorno" (a proposito della sua nascita), "sono nato storpio e malato", "la mia nascita è stata la prima delle mie disgrazie" (p. 35), "sono nato quasi morente" (p. 36). Egli fa leva su questa condizione di vittima ricorrendo a un'iperbole eccessiva e scegliendo così un vocabolario e dei giri di parole che tendono a drammatizzare al massimo le sue storie. Utilizza questo stesso espediente stilistico per far apparire delicata l'ammissione delle sue colpe (il furto del nastro, il piacere provato durante le sculacciate del signor Lambercier, l'abbandono dell'amico epilettico nel bel mezzo di una crisi): ingigantendo la colpa, quando arriva la battuta finale, il giudizio del lettore minimizza inconsciamente l'atto in questione, trovando l'autore forse eccessivo.

Per esempio, ecco le poche parole che rivolge al suo lettore prima di raccontargli l'episodio del noce: "O voi lettori curiosi della grande storia del noce sulla terrazza, ascoltate l'orribile tragedia e trattenetevi dal rabbrividire, se potete!" (p. 53). Eppure si tratta solo di una piccola bugia, come quelle che spesso raccontano i bambini, senza alcuna conseguenza reale.

In questo senso, le sue varie confessioni fanno parte della sua strategia di scrittura: dando l'impressione di fornire un resoconto esaustivo delle sue colpe, comprese quelle più innominabili, Rousseau sta ancora cercando di dimostrare la sua innocenza. Se le cose di cui i suoi detrattori lo accusano non si trovano nelle sue confessioni, il lettore dedurrà senza dubbio che si tratta solo di dicerie. Per quanto riguarda le accuse mosse contro di lui in questo libro, come abbiamo appena visto, l'autore farà di tutto per giustificarsi e ottenere l'indulgenza del lettore giudicante.

IL RUOLO MULTIPLO DEI LETTORI

Con *Le confessioni,* Rousseau cerca di stabilire un rapporto speciale con il suo lettore. Non esita a interrompere regolarmente la sua narrazione per rivolgersi a lui indirettamente: "Man mano che il lettore progredisce nella mia vita, si renderà conto dei miei stati d'animo, e sentirà tutto questo senza che io mi dilunghi" (p. 71), "Ah! Non anticipiamo le miserie della mia vita; non farei che occupare troppo i miei lettori con questo triste argomento" (p. 78), ecc. Inoltre, notiamo qualcosa di completamente nuovo nella struttura de *Le confessioni*: l'interazione che l'autore stabilisce tra sé e il suo lettore attraverso i vari ruoli che gli impone. La prima funzione che gli conferisce è quella di amico e confidente. A tal fine, racconta al lettore la storia della sua vita nei minimi dettagli, dimostrando così la sua incrollabile fiducia in lui: gli confessa tutto, anche l'innominabile. Inoltre, al di là delle confidenze che fa come con un amico intimo, mostrandosi vulnerabile (nonostante la sua grande abilità letteraria, che non lascia ingannare un pubblico ben informato), permette all'uomo comune di identificarsi con lui e lo invita a sentirsi più vicino. Ma Rousseau non cerca solo di conquistare l'amicizia del suo lettore. Oltre ad assistere alle avventure che gli vengono raccontate, il lettore si trova di fronte al difficile compito di interpretare la storia che gli viene raccontata. Ecco come Rousseau esprime la sua volontà: "Spetta a lui assemblare questi elementi e determinare l'essere che essi compongono: il risultato deve essere opera sua; e se si sbaglia, l'errore sarà tutto suo" (p. 230). In realtà, il ruolo principale del lettore è quello di giudice delle confessioni: "Se la natura ha fatto bene o male a giudicare lo stampo in cui mi ha gettato, questo è ciò che si può giudicare solo dopo avermi letto" (p. 33).

IL TEMA DELLA NATURA

La natura è uno dei temi essenziali dell'opera di Rousseau. Lungi dall'essere un semplice ambiente, ha avuto su di lui un effetto salvifico, confortandolo quando era in difficoltà, accompagnandolo in tutte le fasi della sua vita. Ne *Le confessioni* assistiamo ad una vera e propria personificazione della natura, che, testimone degli eventi della sua vita, appare quasi come un'amica, e talvolta persino come una madre.

Ma per il giovane Jean-Jacques la natura è anche il rifugio ideale. Gli permette di dare libero sfogo alla sua immaginazione e di evadere dal magnifico spettacolo che offre ai suoi sensi.

Tuttavia, il piacere che gli procura non è solo cerebrale, ma anche fisico. Va ricordato che Jean-Jacques ha scoperto la natura attraverso lunghe ore di cammino. Durante i suoi primi vent'anni, quante passeggiate in campagna ha fatto? Quante volte ha attraversato la Francia, l'Italia e la Svizzera, spesso senza nemmeno sapere dove stesse andando? Per lui la natura è sinonimo di libertà e assenza di vincoli, e questo rafforza il sentimento positivo ed entusiasta che gli ispira.

ULTERIORI RIFLESSIONI

ALCUNE DOMANDE SU CUI RIFLETTERE...

- Quali sono, secondo lei, i limiti dell'impresa di Rousseau? Argomentare.

- Secondo lei, perché i primi quattro libri de *Le confessioni* sono più importanti degli altri otto?

- Che ruolo hanno avuto *Le Confessioni* nella storia della letteratura?

- Quali differenze ci sono tra un'autobiografia e un'autofiction?

- "Sento il mio cuore e conosco gli uomini. Non sono fatto come nessuno di quelli che ho visto; oso credere di non essere fatto come nessuno di quelli che esistono. Se non sono migliore, almeno sono diverso. Se la natura ha fatto bene o male a rompere lo stampo in cui mi ha fuso, questo è ciò che si può giudicare solo dopo avermi letto. Elencate tutte le figure retoriche che osservate in questo estratto e commentatele.

- Se dovesse collegare *Le confessioni* a una tendenza letteraria, quale sarebbe e perché?

- Cosa si intende con il termine "filosofo" nel XVIII secolo? Che ruolo ha? Rousseau può essere considerato un filosofo?

- Qual è il rapporto di Rousseau con le donne? Come si spiega questo?
- In che modo le confessioni illuminano l'opera di Rousseau?

PER ANDARE OLTRE

EDIZIONE DI RIFERIMENTO

ROUSSEAU J.-J., *Le Confessioni* (libri I-IV), Parigi, Gallimard, collezione «Folio classique», 1997.

Vogliamo sapere da voi!
Lasciate un commento sulla vostra biblioteca online
e condividete i vostri libri preferiti sui social media!

Perché scegliere Must Read?

Scoprite tutto quello che c'è da sapere su un libro, con i nostri riassunti e le nostre analisi concise e approfondite!

Scoprite il meglio della letteratura sotto una luce completamente nuova!

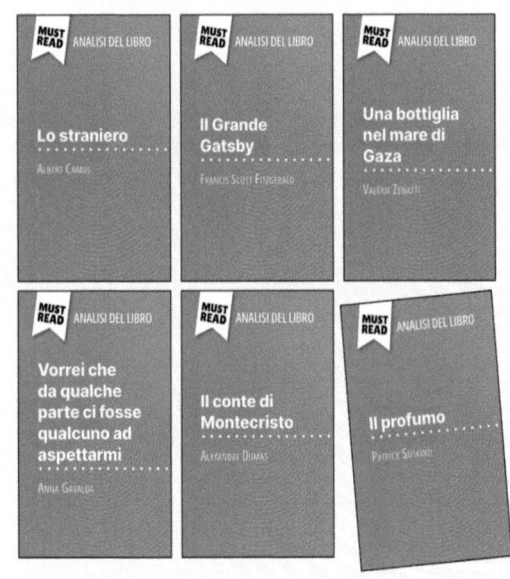

www.50minutes.com

Master ISBN: 9782808690461
ISBN cartaceo: 9782808611862
Deposito legale: D/2023/12603/1466

Copertura: © Primento

Concezione digitale a cura di Primento, il partner digitale degli editori.